La collection Mythes & Légendes

pour tout connaître des grands héros de l'Antiquité

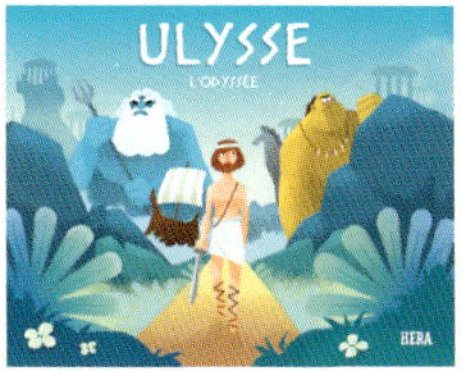

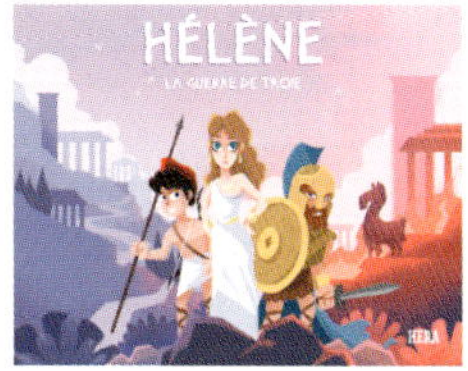

À découvrir également

dans la collection Histoire junior

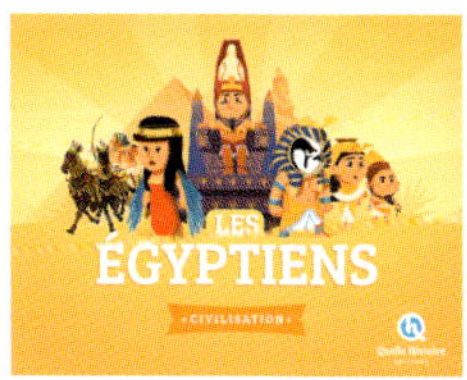

Quelle Histoire

Édition et conception : Quelle Histoire SAS. 22, Villa de Lourcine 75014 Paris
Illustrations : Bruno Wennagel, Mathieu Ferret
Textes : Patricia Crété

Siège social : 22, Villa de Lourcine 75014 Paris

www.quellehistoire.com
contact@quellehistoire.fr

Fabriqué par Labelfab / Imprimé en France par Stin Imprimerie - Toulouse

Dépôt légal octobre 2015

Loi n°49-956 du 16 juillet 1949 sur les publications destinées à la jeunesse

PEFC 10-31-2841

FABRIQUÉ EN FRANCE

PRÉHISTOIRE

LES PREMIERS PAS DE L'HOMME

La marche à deux pas

Sais-tu que nos ancêtres sont apparus il y a 7 millions d'années en Afrique ? C'est vrai qu'à cette époque ils ressemblent beaucoup à nos cousins les grands singes, mais ils se déplacent parfois sur deux pattes... C'est un grand progrès ! Au fil du temps, ils évoluent, donnant naissance à différentes espèces, comme les Australopithèques. Tu as sûrement entendu parler d'eux grâce à Lucy. Il faut attendre plusieurs milliers d'années pour qu'ils soient parfaitement bipèdes, ce qui va leur permettre de quitter l'Afrique pour l'Asie et l'Europe.

-7 millions d'années

Les premiers outils

Comme certains singes avant eux, les premiers hommes utilisent un galet ou une branche comme outil. Mais vers - 600 000, c'est une tout autre histoire : ils créent des outils perfectionnés car ils ont découvert l'art de tailler le silex, une technique qui leur permet très vite de produire en grande quantité des bifaces, bien utiles pour la chasse. On en a retrouvé de nombreux exemplaires près d'Amiens et en région parisienne, à Levallois-Perret.

- 2,6 millions d'années

La chasse

Pour se nourrir, les hommes préhistoriques trouvent toutes sortes d'animaux : sangliers, cerfs, loups, lapins, oiseaux, poissons, mais aussi mammouths, ours et lions ! Encore faut-il pouvoir les attraper. Les hommes, parfois accompagnés par les femmes, partent à la chasse. Il faut repérer le gibier, le poursuivre puis lui tendre un piège... C'est fatigant ! Heureusement, ils ont de nouvelles armes comme des sagaies, faites de bois et d'os, qui sont des sortes de javelots. Ils utilisent également des arcs et des flèches, mais il faut bien viser !

-700 000

La cueillette organisée

Pour vivre mieux, il faut manger équilibré : cinq fruits et légumes par jour ! C'est ce que font nos lointains cousins car, à la viande, ils ajoutent des fruits, des bulbes, des baies de toutes sortes. Si la cueillette a toujours existé, elle est désormais organisée. Ils sont nombreux à partir tôt le matin pour aller chercher des provisions. Parfois, ils grimpent aux arbres pour cueillir des fruits ou ils fouillent la terre pour trouver de délicieux tubercules.

-700 000

L'habitat

On pourrait croire que la grotte est le meilleur moyen de s'abriter… mais pas du tout ! Il y fait sombre, humide, et des ours peuvent y être installés. Les premiers hommes construisent des logements de fortune : ils creusent des tunnels sous la terre qu'ils recouvrent de branchages, ils se faufilent dans la faille d'une falaise ou d'un gros rocher. Plus tard, vers - 400 000, ils fabriquent des tentes avec des peaux et des os d'animaux. Ils installent souvent leurs campements sous roche, à l'entrée de cavernes peu profondes.

- 400 000

Le feu

Voici enfin la grande invention de ceux qu'on appelle *Homo erectus* : le feu. En frottant deux pierres l'une contre l'autre, technique encore utilisée chez certaines peuplades et que tu peux expérimenter, ils produisent des étincelles, puis des flammes. La vie se transforme d'un coup car on peut se chauffer, cuire la nourriture et repousser les bêtes sauvages. Le soir venu, on se réunit autour du foyer pour passer un moment ensemble.

- 400 000

Les rituels funéraires

Vers -300 000, un nouvel homme fait son apparition, *Homo sapiens*. Sa vie est proche de la nôtre. Il s'est aménagé un logis confortable et bien chauffé, il a une famille qu'il aime, il a du temps libre pour s'amuser. Mais il doit aussi faire la guerre. Vers -100 000, pour la première fois, il va enterrer ses morts dans des tombes, selon des rites particuliers, avec des objets de la vie courante, comme des armes ou des bijoux.

-100 000

L'art des grottes ornées

Notre ancêtre est aussi un peintre... Regarde les représentations de la grotte de Lascaux. Tu peux voir sur les parois de superbes dessins de taureaux, de chevaux, de bisons, de cerfs et de bouquetins. Ils sont peints avec des couleurs trouvées dans la nature, du charbon de bois pour le noir, de l'ocre pour le rouge. On retrouve parfois, à l'intérieur de ces grottes, des statuettes, des bracelets et des colliers magnifiques.

- 40 000

L'art musical

On a retrouvé dans des cavernes des flûtes faites dans de longs os percés de trous, mais aussi des pipeaux et des sifflets. Dans d'autres grottes, comme celle des Trois-Frères, en Ariège, on peut admirer une fresque représentant une sorte de sorcier jouant de l'arc musical tout en dansant. Et certaines traces au sol montrent encore des empreintes de danseurs. Il n'y a pas de doute, notre ancêtre musicien chante et danse.

-35 000

Agriculture et domestication

Vers -10 000, l'homme se met à planter des graines (blé, orge et pois) et à domestiquer des animaux : le chien d'abord, puis la chèvre qui donne du lait. Comme il n'a plus besoin de se déplacer sans arrêt pour trouver de la nourriture, il s'installe et fonde un village. Ses champs produisent de plus en plus, ce qui lui permet de vendre ses récoltes. Il lui faut alors inventer un système pour compter et écrire. En -3 500, l'apparition des premières écritures met fin à la Préhistoire.

-10 000 à -3 500

-5 millions

- 4,2 millions
Apparition des Australopithèques.

- 3 millions
Début du Paléolithique.

- 2,6 millions
Premières traces d'outils.

- 400 000
Apparition de l'homme de Néandertal.

- 400 000
Homo erectus maîtrise le feu.

- 300 000
Apparition d'*Homo sapiens*.

- 100 000
Premières sépultures.

- 82 000
Premières parures.

- 40 000
Premières grottes ornées, l'art pariétal est né.

- 24 000
Disparition de Néandertal. Fin du Paléolithique.

- 23 000 à -19 000
Peintures de Lascaux.

- 18 000
Premières lampes.

- 10 000
Découverte de l'élevage et de l'agriculture. Période du Mésolithique.

- 7 500
Sédentarisation et premiers villages. Période du Néolithique.

- 3 500
Apparition de l'écriture. Période de l'âge du cuivre.

- 2000

Des sites préhistoriques français
6
3
4
1
5
2

Légende de
LA CARTE

1 Tautavel (Pyrénées-Orientales)

Découvert au XIXe siècle, mais exploré au XXe siècle, le site de la Caune de l'Arago, à Tautavel, a révélé la présence d'un lointain cousin (-450 000 à -300 000), baptisé « l'homme de Tautavel ».

2 Terra Amata (Alpes-Maritimes)

Situé près de Nice, sur les pentes du mont Boron, ce site, découvert en 1966, a été occupé entre -400 000 et -40 000. On y a trouvé les premières traces de feu. Un musée y est installé.

3 Abri Cro-Magnon (Dordogne)

C'est dans cette grotte, aux Eyzies-de-Tayac, que l'on a découvert, en 1868, le squelette du premier homme moderne, l'homme de Cro-Magnon. Il a été enterré là il y a 35 000 ans.

4 Chauvet (Ardèche)

Découverte en 1994 par Jean-Marie Chauvet, c'est la plus vieille grotte ornée du monde. Elle abrite près de 420 dessins d'animaux, datant de -36 000. Elle est inscrite au patrimoine mondial de l'Unesco.

5 Cosquer (Bouches-du-Rhône)

Cette grotte ornée sous-marine, habitée de -27 000 à -19 000, a été découverte en 1985 par Henri Cosquer, un scaphandrier. Elle montre des dessins de mains, d'animaux terrestres et marins.

6 Lascaux (Dordogne)

Cette grotte ornée, connue mondialement pour ses représentations d'animaux, datant de -23 000 à -19 000, a été découverte en 1940. Aujourd'hui, on ne peut visiter que sa copie.

Homo habilis

(Vers - 2,5 millions à - 1,5 million d'années)
Il vit en Afrique. On le considère comme le tout premier *Homo* car il marche debout, comme nous, et possède déjà un langage articulé, à la différence des singes. Il vit de plantes et de fruits car il ne chasse pas encore.

Homo erectus

(Vers - 1,8 million à - 300 000 ans)
Il a quitté l'Afrique pour l'Asie et pour l'Europe où on le retrouve à Tautavel, en France. Il chasse grâce à de meilleurs outils et, surtout, réussit à faire du feu, ce qui va changer complètement son mode de vie.

Néandertal

(Vers - 400 000 à - 28 000 ans)
On le trouve en Europe, notamment en France, et dans toute l'Asie. Comme les deux précédents, ce sont des cousins et non nos ancêtres directs. Pourtant, on a retrouvé des traces de leurs gènes chez les humains actuels.

Cro-Magnon

(Vers - 35 000 à - 12 000 ans)
C'est un *Homo sapiens*, un homme moderne, notre ancêtre direct. Il vit en France et va coexister avec Néandertal et même se marier avec lui. Il est grand, intelligent, inventif... artiste, comme en témoignent ses peintures.

Le Jeu du

CHERCHE & TROUVE

Cherche et trouve les éléments suivants dans le décor de droite :

Le loup

Le chef

Le peintre

Le gardien du feu

La cueilleuse

L'escaladeur

Le chasseur 1

Le chasseur 2

Le chasseur 3

Le plongeur

Le sanglier

Le musicien 1

Le musicien 2

La danseuse

Le cuisinier

Le nouveau-né

Le tanneur

L'enfant qui joue

L'écureuil

Le chat sauvage

Le Jeu des
7 ERREURS

Trouve les 7 différences entre l'image de gauche et l'image de droite.

Solution : les oiseaux ; les lianes ; l'oreille ; les bracelets ; la flûte ; le bâton ; les baies.

Le Jeu du

LABYRINTHE

Aide *Homo erectus* à trouver le chemin du feu.

Solution : le bon chemin est le numéro 3.

Le Jeu des

OMBRES

Retrouve la bonne ombre de cet homme de Néandertal.

Bonne réponse : l'ombre e.

Le Jeu du QUIZ

1. Où l'homme a-t-il fait ses premiers pas ?

   a. En Australie
   b. En Afrique
   c. En Europe
   d. En Asie

2. Qu'est-ce qu'une sagaie ?

   a. Un animal
   b. Un vêtement
   c. Une arme
   d. Une plante

3. Qui a découvert le feu pour la toute première fois ?

   a. *Homo erectus*
   b. *Homo sapiens*
   c. *Homo habilis*
   d. Néandertal

Bonnes réponses : 1.b / 2.c / 3.a

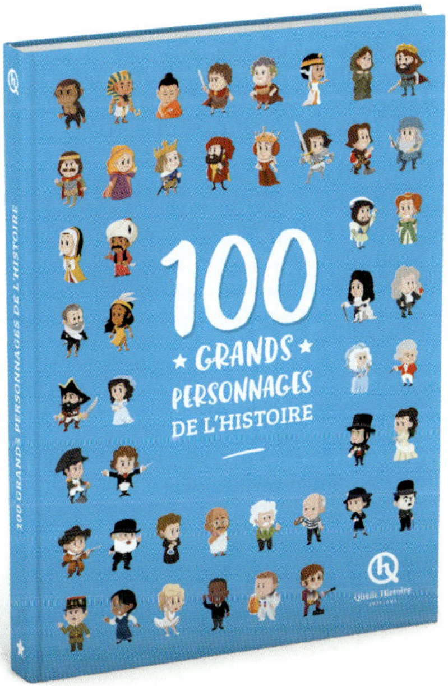

100
GRANDS
PERSONNAGES
DE L'HISTOIRE
100 GRANDS PERSONNAGES DE L'HISTOIRE
Quelle Histoire

CLÉOPÂTRE
UNE FIN TRAGIQUE

NEIL
ARMSTRONG
DE PILOTE À ASTRONAUTE